大学教育における
信仰の役割

九鬼 一

Hajime Kuki

まえがき

信仰には神秘的な力があります。それは魔法のような力です。しかし、それを語るのは知的ではないという風潮もあります。

私たちが創ろうとしている幸福の科学大学（仮称・設置認可申請中）では、信仰心を持つことで、より知的で、仕事ができ、世の中の役に立つ素晴らしい人になれる、そんな教育をしたいと考えています。それが私たちの新たなる挑戦です。

今回、信仰を持つ学生たちと、「大学教育における信仰の役割」について、さまざまに語り合いました。なぜ、教育に信仰が大切なのかをお互いに確認できた素晴らしい機会になったと感じています。

本書をお読みいただくことで、創立者である大川隆法・幸福の科学グループ創始者兼総裁が示された大学の理念が、どのように展開していこうとしているのかを、読者の皆様にご理解いただければ望外の喜びです。

二〇一四年　六月十九日

学校法人幸福の科学学園副理事長（大学設置構想担当）
九鬼《くき》　一《はじめ》

大学教育における
信仰の役割

目　次

幸福の科学大学（仮称）は、2015年開学に向けて設置認可申請中です。
構想内容については変更となる可能性があります。

大学教育における信仰の役割

二〇一四年六月十六日　収録
東京都・幸福の科学総合本部にて

大学教育における信仰の役割

2014年6月16日　収録
東京都・幸福の科学総合本部にて

座談会参加者

※役職、学年などは収録時点のもの

九鬼《くき》一《はじめ》（学校法人幸福の科学学園副理事長〔大学設置構想担当〕）

Y・F（早稲田大学文化構想学部一年生。幸福の科学学園高等学校〔那須本校〕二期生）

T・F（筑波大学理工学群一年生。幸福の科学学園高等学校〔那須本校〕一期生）

T・S（予備校生。幸福の科学学園高等学校〔那須本校〕二期生）

A・J（予備校生。幸福の科学学園高等学校〔那須本校〕二期生）

司会

鈴木《すずき》豪《つよし》（宗教法人幸福の科学理事 兼 学生局長）

幸福の科学大学（仮称）は、2015年開学に向けて設置認可申請中です。

1　「幸福の科学大学」と「ほかの宗教系の大学」との違い

司会　みなさん、こんにちは。

本日は、二〇一五年に予定されている、幸福の科学大学の開学に当たり、「大学教育における信仰の役割」と題して、座談会を開かせていただきます。

参加者として、学校法人幸福の科学学園副理事長（大学設置構想担当）九鬼《くき》一《はじめ》さんと、現役大学生、そして、幸福の科学大学を目指す学生にお越しいただいております。

本日は、よろしくお願いいたします。

九鬼　よろしくお願いします。

学生たち　よろしくお願いします。

信仰に対する熱い雰囲気がある大学にしたい

司会　幸福の科学大学は、まさに宗教学校、宗教大学という位置づけですが、今現在、日本においても、仏教系の大学やキリスト教系の大学はあります。そうした宗教系の大学と、幸福の科学大学とは何が違うのでしょうか。それについて、まず、九鬼さんからお話しいただければと思います。

九鬼　はい。分かりました。

今、仏教系やキリスト教系の大学はたくさんありますが、だいたい、設立してから時間が経《た》っています。

「設立した頃は、おそらく、僧職者《そうしょくしゃ》をつくる仏教学部、あるいは、聖職者をつくる神学部が中心になって大学ができ、ほかの学部へとだんだんに拡大していった」という歴史があると思うのですが、幸福の科学大学も、仏教学部あるいは神学部に当たるようなところとして、「人間幸福学部」をつくっています。ただ、全員が聖職者になるわけではありませんので、もう少し広い「人文系の学部」として設立させていただこうと思っています。

一方、設立から年月が経った、ほかの宗教系の大学は、どちらかというと、宗教大学としての雰囲気がだんだんと薄くなり、世の中の風潮《ふうちょう》になじんで、「普通のどこの大学ともあまり変わらない」という風情になっているでしょうし、「信者の方、信者子弟の学生が大半を占めている」ということも、おそらく少なくなってきているでしょう。

ただ、比較的新しい宗教がつくった大学、例えば、大正時代にできた天理大学（当時、天理外国語学校）とか、昭和に入ってからできた創価大学とかは、信者の比率は比較的高いだろうとは思います。

幸福の科学大学も、大学名に「幸福の科学」と入っているので、最初はやはり、学生の大多数は信者子弟の方になるでしょうが、次第しだいに、教育内容でもって、学生をいろいろな所から惹《ひ》きつけて、規模を拡大していきたいと思っています。

そういう意味で、幸福の科学大学では、最初に大学ができたときの「信仰に対する熱い雰囲気」というものを大切にしていきたいと考えています。

また、仏教やキリスト教のように、二千年以上前にできた旧《ふる》い宗教の場合、その基本教義のなかには、現代に起きている問題について適応できない部分もけっこうあるのではないでしょうか。例えば、経済についての考え方や、経営についいての考え方などは、教えのなかにあまりありません。

ところが、幸福の科学の場合は、それらを取り込んでいる現在進行形の宗教であって、創始者である大川隆法総裁がご在世中に大学をつくろうとしているのです。こうしたところが大きな違いだと思います。

ある意味で、もし、既存の宗教系大学と比較して抵抗感を生んでいる部分があるならば、そこかなというように感じています。

宗教をよきものとして扱っていない「既存の大学」

司会　世間一般には、「宗教の教えと学問とが結びつかない」というイメージがあると思いますが、実際に大学へ行っている学生からすると、どのような感じでしょうか。宗教の授業はあると思いますが、例えば、早稲田大学では、どうでしょうか。

Y・F　宗教の時間のようなものはありますが、入学式で、「宗教の勧誘に気をつけなさい」と言われたりするので、学生には「宗教イコール悪いもの」のようなイメージがあるようです。あまり、よいものとして扱われていないので、その部分は、どのようにやっていけばよいのか……。

九鬼　何学部ですか。

Y・F　文化構想学部です。

九鬼　文化構想学部に宗教の時間はあるんですか。

Ｙ・Ｆ　哲学的な話で、神の言葉が出てきたりはします。

九鬼　一応、そういう授業はあるわけですね？

Ｙ・Ｆ　そうですね。

九鬼　なるほど。ただ、「学内で宗教活動をしてはいけない」という張り紙がしてあって、入学式とかで、「気をつけなさい」ということを言われるわけですね？

Ｙ・Ｆ　はい。

九鬼　もう三十年以上前になりますが、私が大学生だった頃は、それほどではなかったんですよ。張り紙とかはあまりなく、統一協会の原理研究会や歎異抄《たんにしょう》研究会などが、いろいろと活動していたと記憶しています。当時は今よりもう少し自由で寛容だったのですが、オウム事件が起きた頃から、宗教活動に対する締め付けがかなりきつくなってきていますね。

　ほかの大学ではどうですか。

Ｔ・Ｆ　私は筑波大学に通っています。留学生等も多いので、「どういう信仰を持っても自由である」ということにはなっていますが、「学内で布教活動をするのは一切禁じられている」という状況ではあります。

九鬼　ということは、信仰告白しにくい、つまり、「私は幸福の科学の信者です」ということを堂々と言いにくい雰囲気があるわけでしょうか。

T・F　それは、自分の感じ方にもよると思うのですけれども。それを言うこと自体は布教活動にはならないので、言うことはできるのですが、やはり、信仰告白したときの相手の反応に抵抗感のようなものは感じますね。

九鬼　そうなんですね。Y・Fさんもそう？

Y・F　「幸福の科学学園出身」とは言えるのですが、やはり、「あっ、そういう学校なんだ」というような感じで……。

九鬼　入学してそんなに時間が経っておらず、まだ深い話もできないでしょうから、「言いにくい」というのもあると思いますが、みなさんは、やはり、どちらかというと、社会の裏側に封じ込められているようなムードは感じているのですね。

学生の信者さんのなかには、おそらく、「『幸福の科学の信者だ』と言ったら軽蔑されるような雰囲気があるので言えない」という人もいますよね？

司会　そうですね。たくさんいます。

九鬼　そして、授業でも、先生から、「カルトだ」とかいう話が出てきたりするのでしょう？

司会 「宗教イコールカルトだ」というような話があったり、「洗脳ではないか」というような話があったりします。

九鬼 そういう話を聞いてると、「言いにくい」という雰囲気は出てくるでしょうね。

「信仰したら、有用な人になれる」ことを証明するのが仕事

九鬼 幸福の科学学園を卒業した方には、ほかの大学より、信仰についてよく分かっている幸福の科学大学に行きたいという方がけっこういるのではないかと思うのですが、そのあたり、A・Jさんはどう考えていますか。

A・J　私は、幸福の科学学園で信仰と合わさった教育を受けてきたのですが、やっぱり、信仰がないと……。

何だろう？　信仰があると、何においても、つまずいたときに、どうすればいいのかということが分かるんです。同じ信仰を持っている者同士だと、相談し合ったりできるし、「こういうところが駄目なんじゃない？」とか言ってくれたりするので……。

九鬼　心が通じ合える？

幸福の科学大学（仮称・設置認可申請中）の完成イメージ図

Ａ・Ｊ　はい。「心が通じ合える」というのもあるし、「そんなに人間関係に困らない」というのもあります。ちゃんとした信仰を持っているからこそ……、何て言えばいいいんだろう（笑）。

九鬼　友達との付き合いが……。

Ａ・Ｊ　……いいというのもあります。

九鬼　いい人間関係がつくれるということかな？

Ａ・Ｊ　はい。

九鬼　そうなんですよね。幸福の科学学園では「世間一般の学校より、生徒たちが仲良くやっている」というのはあると思います。

ただ、なかには、外部から見て、「自分たちの世界のなかで、小さく固まってしまうのではないか」ということを心配して言われる人もいます。そうしたことについて、Ｔ・Ｓさん、何か意見はありませんか。

Ｔ・Ｓ　大学に通っている人たちの話を聞いていると、宗教というのは、どうしても悪いものに見られやすいようですけれども、日本の人々には、「周りがこうしているから、自分もこうしよう」というように考える人がけっこう多いと思います。みんなが「信仰は悪いものだ」と思ったら、それが〝常識〟になるような風潮を強く感じます。ただ、それは、世の中の人々が、「信仰」と言われても、それがどういうものなのかが、はっきりとは分からないからだと思うのです。

そこで、「信仰とは、いったいどういうものなのか」「信仰すると、どういう人になれるのか」ということについて教えていただければと思います。

九鬼　私は、「信仰したら、立派な人になれる。素晴らしい人生を送れる。社会にとって非常に有用な人になれる」ということを証明していくのが、私たちの仕事だと思っています。だから、幸福の科学大学も信者の比率は高いだろうと思いますが、世間から、「仕事のよくできる、素晴らしい卒業生が出ているな」と思っていただけるように、頑張りたいと考えています。

ただ、今はまだ、宗教というと、「洗脳されている」と言われることがあるかもしれません。

私も二年ぐらい、幸福の科学学園で理事長として仕事をさせていただいたので、よく知っていますが、幸福の科学学園は、信仰の下《もと》、ある種の規律正しさというか、礼儀正しさがあり、また一体感もあって、とてもいい学校です。
でも、そうして誇りをもって卒業していっても、早稲田大学や筑波大学に入り、友達に「高校は幸福の科学学園なんだ」と言うと、洗脳されているかのように誤解されて見られたりしたことはないですか。

T・F　私はまだそんなに宗教の話を真っ向から話したことはありませんし、話すときにも、「仏法真理を学び、自分がしっかりつかみとったものである。ここに書いてあることは、どう考えても、人を洗脳していくものではない」というように話しているので、そういうことは特にないですね。

九鬼　Y・Fさんは？

Y・F　洗脳とかは、そんなに直接言われたことはありません。

幸福の科学大学では、幸福の科学の教えを「学問」として学ぶ

Y・F　ただ、早稲田大学では、たまたま耳に入ってくる話のなかで、「『オレ、なんで大学に行っているんだろう?』と思い始めてきた」と言っている人が、けっこう多いんですよね。

私は、幸福の科学学園で、信仰や愛の教えなどを学び、「人のため、世のために生きていこう」という思いがあるから、勉強しなければいけないというのが分かるのですが、やっぱり、「あの世の存在があって、人間はこの世で修行している」とか、「学んだことを、人のために生かしていこう」とかいうことを教わらないと、勉強する意味がなくなってしまうと思うのです。

だから、信仰教育は大事だと思うのですが、幸福の科学大学では、信仰教育というか、宗教の授業は、どのようにされていくのですか。

九鬼　今の計画を少し絞《しぼ》ってお話ししましょう。

幸福の科学大学では、「幸福の科学教学《きょうがく》」といって、幸福の科学の教えを、「学問として学ぶ」というかたちで、提供させていただこうと考えています。

また、学内には礼拝堂があり、礼拝の時間があるので、そこで、きちんと祈りや瞑想などをして、天上界との交流をしていただきたいなと思っています。

授業としては、一年生のときに、「創立者の精神を学ぶ」という時間を必須科目で設けるつもりです。これは、大川隆法総裁の著書『若き日のエル・カンターレ』（宗教法人幸福の科学出版刊）等をもとに、「創立者である大川隆法総裁は、学生時代から社会に出られる頃、どのような考え方や心の態度で刻苦勉励《こっくべんれい》されていたのか」ということを含めて、人生観や考え方を学んでいくものです。

これを勉強していく授業が、前期・後期と週に一コマずつあるので、全学部生に受けていただいて、幸福の科学大学の創立者の精神を学んでいただきたいと思っています。

もちろん、それ以外の科目もたくさんあります。教養科目のなかには、幸福の科学教学の初級レベルの分かりやすいものも、選択科目として入っています。

もっと言うと、今、「僧職者課程」というものをつくろうとしているところです。具体的には、人間幸福学部と経営成功学部の両方に、「将来、僧職者、つまり、幸福の科学グループの職員になっていくために、教学を深めていく科目」を幾つも置こうと思っているのです。

全部で二十六単位ぐらい置くつもりです。そのなかには、卒業に必要な単位として含まれるものと、そうでないものとがありますが、それを勉強することによって、幸福の科学に出家《しゅっけ》（奉職《ほうしょく》）する前の卒業時に、幸福の科学の講師資格の一つである、研究員資格を取ることができるようにしようと考えています。

今、学生の信者さんのなかで、大学卒業時に研究員資格を持っている人はあまりいないと思うのですが、そのくらいの内容の勉強ができるようにしたいのです。

これは、仏教系の大学で「お坊さんの資格」を与えたり、キリスト教系の大学で「牧師や神父の補助ができる資格」を与えたりするのと同じようなことです。

信者さんでも、研究員となると、それほど多くはいません。幸福の科学大学では、そういう資格を取れるまで勉強できるかたちを選択科目も含めて考えておりますので、幸福の科学の職員等を目指す方は期待できると思います。

人文学分野

※大学設置認可申請中です。内容の確定は認可後となりますので、予定であり、変更する可能性があります。

人間幸福学部（仮称）　人間幸福学科（仮称）

「人間を幸福にする考え方とは何か」を
立体的に学びます。
異文化理解を深め、世界に通用する
人材となることを目指します。

【特徴】

◆どんな考え方が、人間を幸福にするのか？

「人間を幸福にする」という視点から、哲学、宗教学、文学、芸術史学、歴史学、心理学、心身健康科等を学び、社会に貢献できる力をつけます。

◆目指すは、「徳あるリーダー」

幅広い教養と人格の高みによって、多くの人を導ける「徳あるリーダー」をつくりだし、人々の「幸福」に貢献することを目指しています。

◆世界を舞台に活躍できる人材の輩出へ

コミュニケーション能力の修得に重点を置いた語学カリキュラムと、日本と世界の文化を学ぶことで異文化理解の力を高め、国際社会で活躍できる人材を養成します。

【卒業後の進路】

多種多様な企業、公共団体、外資系企業、幸福の科学グループ職員等での活躍が期待されます。

学内の中心にある「ピラミッド型礼拝堂」の意義

Ｔ・Ｓ　幸福の科学大学では、ピラミッド型の礼拝堂ができると聞いていますが、ピラミッド型の礼拝堂がある意味と、ピラミッドと信仰の関係について、教えていただけないでしょうか。

九鬼　大川総裁より賜った「幸福の科学大学設立大成功祈願」の最初のほうに、トス神のお名前が出てくるのですが、アトランティス時代に実在した大導師トスにご指導をお願いしているわけです。

このトス神が、約一万二千年前に地上で偉大なるアトランティス文明の最盛期を築かれたわけですが、そのアトランティス文明のなかで象徴的なものの一つが、ピラミッドであるわけです。

このアトランティス文明は、考古学的には十分に解明されていないものではありますが、伝説としては、プラトンの著作の『ティマイオス』や『クリティアス』など、幾つかに遺《のこ》っています。

そして、幸福の科学では、「ピラミッドは今、エジプトで有名だが、その起源は、今はもう沈んでしまったアトランティス大陸にあり、そこでは、ピラミッドは、ある種のエネルギーの集約装置でもあり、霊界との通信を行う場所でもあっ

幸福の科学大学（仮称・設置認可申請中）のピラミッド型礼拝堂の完成イメージ図

た」と言われています。また、「宇宙への窓口の部分もあったのではないか」という説もあります（大川隆法著『アトランティス文明・ピラミッドパワーの秘密を探る』〔幸福の科学出版刊〕参照）。

幸福の科学大学は、「新しい文明を拓いていく」ということを目指していますが、それに当たって、アトランティス文明の繁栄した姿を一つのモデルとしてイメージしたいということです。

アトランティス文明は「海洋文明だった」とのことですが、今、大学を建設している千葉県の九十九里も海が非常に近くて、海洋文明に近いような雰囲気の所ですから、ちょうど合っていると思います。

要するに、「新しい文明を築いていくのだ」という気持ちで宗教生活を送れるよう、その象徴とも言うべき、ピラミッド型の礼拝堂を校舎の中心に据えたのです。

だから、理系の学生も、文系の学生も、授業の合間や、コマが空いているときには、そこに行ってお祈りしたりできます。

また、ピラミッド型礼拝堂の下が、実は、図書館なんですよ。礼拝堂からそのまま降りていって、図書館で勉強できますし、勉強が煮詰まってきたら礼拝堂に上がって、心を落ち着けてインスピレーションを受けることもできるようになっています。

このように、「勉強しながら、宗教的なインスピレーションも受けられる」というところは、ほかの大学では、あまり活用されていないと思います。キリスト教系の大学ではチャペルとかがありますが、校舎から離れていたりして、切り離された空間になっていると思うのです。

それに対して、幸福の科学大学では、学習する場と近い所にあって、もちろん、そんなに強制するつもりはありませんが、「すぐに礼拝堂に入って、お祈りができたり、瞑想ができたり、反省ができたりする」というかたちになってます。

なぜ、道徳教育だけでは足りず、宗教教育が必要なのか

Ａ・Ｊ　ところで、小学校の頃とかは道徳の授業がありましたが、なぜ道徳教育だけでは足りないのでしょうか。

九鬼　実は、学校設置に関する法律のなかに、「大学にも道徳的な部分が必要だ」ということは書いてあります（注。学校教育法第八十三条に、「大学は、学術の中心として、広く知識を授けるとともに、深く専門の学芸を教授研究し、知的、道徳的及び応用的能力を展開させることを目的とする。」とある。傍点筆者）。
　その道徳とは何かというと、一応、人の生きる道を説いているわけです。「こ

ういうことが正しいことなのだ」というように説いているわけですが、「なぜ正しいのか」ということは、あまり明確に説かれていないのです。

これは、みなさんも授業を受けているときに感じたと思います。道徳では「なぜか」という疑問に答えられないのです。

そして、これに答えられるのが宗教なのです。

例えば、「人のものを勝手に盗んではいけません。それは窃盗《せっとう》罪に当たります」という法律がありますが、こうした法律の前には道徳があります。

法哲学では、「法律になる前に、法規範というものがあって、法規範の前に、道徳規範というものがある」と説明されることがあります。つまり、「道徳規範として、『こういうことをしてはいけない』という社会的な合意事項があって、それを明文化したものが法律になる」ということなのです。あるいは、「裁判などで判決が出ると、判例法になる」ということです。

しかし、「なぜ盗んではいけないのか」「なぜ殺してはいけないのか」については、道徳で説明できるかというと、けっこう難しいのです。「自分がされたくないことを、ほかの人にしないようにしましょう」ぐらいで終わってしまうのです。

みなさんは、どうですか。「こういうことだから、人のものを盗ってはいけないんだ」という説明を聞いたことはありますか。

A・J　「奪う愛」だからでしょうか。「自分がされて嫌なことは、人にしてはいけない」というのは普通だと思うし、幸福の科学で教えている「与える愛」と「奪う愛」の教えを、幸福の科学学園では普通に教えているので、「絶対にいけない」ということが分かっています。

だから、私はやりませんけれども、一般の公立校に通っている人たちは、そういうことを知らないから……。

やっぱり、「信仰を持っているから、善悪の判断ができる」という意味で、信仰はすごく大事だなと思います。

九鬼 そうですね。「なぜか」ということを突き詰めていくと、道徳では、「自分がしてほしくないことをされたら困るでしょう?」という話で終わってしまいます。

しかし、例えば、ユダヤ教には十戒《じっかい》という、神がモーセを通じてユダヤの民に授けた戒めのなかに、「殺すなかれ」「盗むなかれ」があるわけです。また、仏教にも、五戒《ごかい》のなかに、この二つが入っています。このように、宗教では、「神や仏から授かった戒律なのだ」という考え方で、長い歴史のなか、位置づけられてきたのです。

そうすると、「人間同士の合意事項であれば変えることはできるが、神様から、

『このように生きなさい』と言われて、私たちがこの地上にいるならば、これは変えられないな」ということが分かるでしょう。このように、深い意味で分かるわけです。

もっと言えば、神様は、私たち一人ひとりを愛してくださっていて、不幸になるのではなく、幸福に暮らしてもらいたいと願われています。ところが、人のものを勝手に盗《と》ったりすると、喧嘩になるし、不幸なかたちで紛争が起こりますよね。ですから、神様は、ご自身が描いている世界を実現させるために、そういうことを人間に戒めているわけです。ここまで考えがいくと、分かりやすいと思います。

さらに言うと、幸福の科学では、転生輪廻《てんしょうりんね》が説かれていて、信者はそれを信じているわけです。悪いことをすると、生前には発覚しなくても、神様にはそれが全部分かってしまっていて、死後、それなりの裁きが下るわけです。だから、

「これはやってはいけない。『ばれなければいい』というものではない」というところまで分かるのです。こういう視点がないと、どうしても、「ばれなければいい」という感じになっていってしまいます。

これが、企業で不祥事が起きたりする原因にもなっていると思います。今、企業のコンプライアンス（法令遵守《じゅんしゅ》）違反などと言われていますが、企業のトップや幹部のなかに、「分からなければいい」というような考え方が出てきてしまうわけで、それはやはり、大学教育のなかに、宗教的なものが欠けていることが原因なのではないでしょうか。

私たちは、そうしたことも含めて考えた上で、「宗教教育、宗教性というものは大事である」と提言しているのです。

すでに卒業生の人数を上回る〝求人〟が来ている

T・F　確かに、そういう面では、幸福の科学大学は、社会に出て役に立つ人材を輩出していけるのだと感じます。ただ、就職の段階において、幸福の科学大学の卒業生が不利になってしまうようなことはないでしょうか。

九鬼　就職先については、私たちも、今から当たりをつけています。信者さんが経営している企業もたくさんありますから、そういうところを回りながら、「どういう学生が必要ですか」ということを訊いたりしています。

また、幸福の科学グループと取り引きのある会社もたくさんありますから、そういうところを含めて、アンケート調査を実施しました。すると、卒業生の人数を上回る〝求人〟が来ました。ですから、自分の希望は別にすれば、「働きたいと思っても働けない」というようなことはありません。

ただ、みなさん一人ひとりに、「こういう人生を歩みたい」という希望があるでしょうし、それを叶えるようにするのも大学の大事な役割だと思うので、みなさんの人生計画を全《まっと》うできるよう、お手伝いしたいと考えています。

何より、学生を採用する側の企業は、一人採用するだけでも、けっこうコストがかかります。給料をずっと払わなければいけないし、社会保険料なども負担しなければいけません。また、一人前になるまで、教える人の労力もかかります。そういうことでは、リスクがあるわけですから、企業はやはり、「この人が入ると、会社にとってすごくプラスになるな。組織にとって有用だな」と思えるような人を採用するはずです。

ですから、企業の人事採用担当者のなかには、幸福の科学という新しい宗教に対して、ある種の先入観を持っている方もいらっしゃるかもしれませんが、幸福の科学大学では、それを上回るだけの人間的魅力を、四年間でしっかり身につけてもらえるように教育したいと考えています。

大学の授業やカリキュラムをきちんと受けて、一生懸命にやっていれば、それは可能だと考えていますので、心配することはないと思います。

2　経営成功学部の展望

既存の大学にはないプロジェクトを先行開示

Ａ・Ｊ　就職ではなくて、自分で起業するというのは駄目でしょうか。

九鬼　それはもう、大歓迎ですね。

経営成功学部には、起業を目指す人向けのプログラムもあり、実際に会社を経営している方々にも講義をしてもらおうと考えています。

信者さんのなかには、起業して成功している方もいるので、そういう方に来ていただき、「どのように起業したのか」「どこが大変だったのか」「どういう問題が生じ、どうクリアして切り抜けていったのか」ということを話していただこうと思っています。

普通の授業だけではなく、すでに起業を実体験した人の生《なま》の実践談が聞けますから、しっかりと勉強していくことができると思います。

経営成功学部に興味のある人はいますか。

（Ａ・ＪとＴ・Ｆが手を挙げる）

九鬼　では、経営成功学部の話をしましょうか。

Ａ・Ｊ　はい。

社会科学分野

※大学設置認可申請中です。内容の確定は認可後となりますので、予定であり、変更する可能性があります。

経営成功学部（仮称）　経営成功学科（仮称）

経営に成功するための
「考え方」「知識」「スキル」を修得し、
事業の成功を通して社会に貢献できる
リーダーを目指します。

【特徴】

◆経営を成功に導く人材輩出

経営学分野の専門知識の学修とともに、現実の事業を成功させる資質・能力を身につけます。

◆志は「社会の発展繁栄」への貢献

「事業の成功を通じて、社会の発展繁栄に貢献する」、そうした高い志のもとで経営を学びます。

◆本物のビジネスに触れる機会も

企業と連携して新商品の開発などにトライする「産学連携プロジェクト」など、本物のビジネスに触れる機会もあり、実践的な経営を学ぶことができます。

【卒業後の進路】

起業家や企業経営者、多種多様な企業・団体職員、各種 NPO 法人職員、自治体職員などが期待されます。

九鬼　今、経営成功学部では、既存の大学にはない、まったく新しいことを考えています。

①産学連携《さんがくれんけい》プロジェクト――企業に行って、改善案を提案する

九鬼　一つは、「サクセスプロジェクト」というものです。大学と企業が協力することを「産学連携《さんがくれんけい》」と呼びますが、幸福の科学大学では、「学生がいろいろな企業に行って、単に調査をするだけではなく、そこで起きている問題に対して、何が問題なのかを勉強し、どうすれば改善できるかを提案する」というような、実地の産学連携プロジェクトをやろうとしています。

今、六、七社の名前が挙がっていて、ある程度、やり取りしているところです。これは、三、四年生のときのプロジェクトですが、毎年、学生を企業に送り込み、

企業の経営陣の方と、指導している経営成功学部の教授とが、みなさんのプレゼンを聞いて、判定を出します。A、B、C……、Fという判定を出して（笑）、Fは駄目ですが、A、B、Cだったら単位を与えます。そういうプログラムが一つあります。

②利他《りた》プロジェクト――人の役に立つことをして、成果等を発表する

九鬼　それから、もう一つは、「利他《りた》プロジェクト」というのがあります。先ほど、A・Jさんが言った、「与える愛」ですね。

A・Jさんは、幸福の科学学園で、「探究創造科」の授業を受けたでしょう？

それと似たようなところがあるプロジェクトです。

これは、個人でもグループでもよいのですが、まず、「利他」「与える愛」という観点から、ほかの人の役に立つこととして、何を行うかを決めるのです。

例えば、地域の高齢者の方との交流でもいいし、もっと宗教的なことでもいいし、子供たちに何かを教えることでもいいでしょう。何かを企画して実行し、後日、「どういう取り組みをしたのか。工夫した点は何か。どういう成果があがり、自分はどういう学びを得たのか」ということを発表するのです。

そのときには、もちろん、教員もいますが、学生も聴衆として入り、最後は、「よかったか、悪かったか」という投票をして決まる。そういうかたちで単位を与えるようなことも考えています。

映画「永遠の法」（二〇〇六年公開）には、「死んであの世に還《かえ》ったとき、シアターのような所で自分の一生がすべて映し出され、それを観た聴衆の拍手が多いかどうかで、自分の死後の行き先が分かる」というようなシーンがあり、「それを若い時代にやっておこう」ということでもあるのですが、実は、これが成功するためには、マーケティング能力が必要なのです。

要するに、会社は、役に立つ商品なりサービスなりを供給しますが、それを判定するのはお客様です。ですから、相手のことをよく知って、「相手の役に立つのは、どういうことか」というのを実体験することが、成功の一つの大きな要素になると思うのです。

③実際に、役立つ人材を輩出する

九鬼　ほかの大学では、あまりやっていないことでしょうが、幸福の科学大学の経営成功学部では、こうしたカリキュラムをつくり、「実際にやってみて、役に立っているかどうかの実感を得る」ということをやってみたいのです。

ここに、やはり、喜びがあると思うんですよ。サクセスプロジェクトで、企業の経営者から、「あなたの言うことはすごく役に立った」という一言をもらったら、学生にとっては大きな自信になるでしょうね。また、利他プロジェクトでも、相手の方から、「幸福の科学大学の学生が、こんな素晴らしいことをしてくれました。ありがとう」という手紙が届いたら、うれしいでしょう。

さらに、企業の面接で、「私は、こういう経験をしました」と言えば、ほかの大学の学生とはひと味違ったかたちのPRができます。

もちろん、「就職のPRのためにやる」というのではなく、その経験が、一人ひとりの大きな心の糧になるし、魅力づくりにもなってくるのです。その自信があれば、企業の面接に行っても、役所の面接に行っても、「自分はこういうことをやってきたから、こういうことができます」と言えるでしょう。

このように、すごく魅力的なプロジェクトも構想しています。面白いのではないかなと思いますよ。

A・J　楽しみです。

幸福の科学の教えを学ぶと、「社会のニーズ」が見えてくる

T・F　先ほど、産学共同という話が少し出ました。今の日本では、一般的に産学共同が流行《はや》っていますが、ベンチャー企業の数は多くないし、起業の成功率も低いという現状です。

そこを、幸福の科学大学としては、どう打開していくのでしょうか。アメリカはうまくいっていますが、比較してみると、信仰心のところが大きく違うのかなと思ったりします。そのあたりと絡めて教えていただければうれしいです。

九鬼　先ほど言ったように、要は、「お客様のことをよく分かっているかどうか」というのが、けっこう大きいと思います。

大学のなかだけにいると、どうしても限られた人たちとの集まりになるので、研究などが自分本位になってしまいがちです。

それは、例えば、「企業の技術者が新しいケータイをどんどん開発し、ガラケーは機能が非常に充実したけれども、結局、ガラパゴス化してしまった」ということと似ているかもしれません。

そうではなく、「本当のニーズは、いったいどこにあるのか」「どうすればニーズを引き出すことができるのか」ということを考えていくことが大事だと思うのです。

ある意味で、宗教というのは、そういうことをずっとやってきているわけです。ところが、普通の大学では「宗教から学ぶ」ということをやっていません。先ほども言ったように、「宗教と学問は別」ということになっていて、研究対象としてはあまり重きを置いていないのです。

だけど、幸福の科学は、何でもやるわけです。それこそ、スポーツ選手から芸能人、政治家から経済人まで、いろいろな人の霊言が出ているでしょう?（注。大川隆法総裁の公開霊言シリーズは、三年半で約二五〇冊を刊行し、公開霊言収録は、五〇〇回を突破した）

「何でも、すべてをやっている」というのは、「すべてが、幸福の科学の救いの対象、および研究の対象である」ということです。

幸福の科学は、学問的に見ても、いろいろな広がりを持っていますから、当会の教えを学ぶと、いろいろな方のニーズが分かってくるのです。ここのところは、他の宗教との大きな違いだと思います。

感動を与えることができる信仰の力

九鬼　もう一つ、信仰についてですが、A・Jさんは幸福の科学学園で経験されていると思いますが、チアダンス部では、演技の前に、「ワン・フォー・オール、オール・フォー・ワン、オール・フォー・エル・カンターレ!」（一人はみんなのために。みんなは一人のために。みんなはエル・カンターレのために!）と言いますよね?

A・J　はい、そうです。

九鬼　ここが、ほかの学校のチームと違うと思います。もし信仰がなかったら、チアダンスで世界大会に行けていたと思いますか。

A・J　行けていないです。

九鬼　私も、そうだと思います。やはり、「オール・フォー・エル・カンターレ」だから、世界大会に行けたと思うんですよ。

さっきの言葉は、もともとは、「ワン・フォー・オール、オール・フォー・ワン」で、これを言っている学校はたくさんあります。だから、それだけでは、わずか三年で世界大会には行けなかったはずです。

どう思いますか。

A・J　やはり、ほかの学校のチームの人たちは、信仰を持っていないじゃないですか。一方、私たちは、みんな、絶対の信仰を持っているので、一体感が出るし、本当に、次元が違うところで踊っているような感じでした。

だから、審査員の方からも、「ほかのチームと、ゴールデン・グリフィンズ（チアダンスのチーム名）とでは、何か輝きが違う」というのが見えて、そこが評価されたのだと思います。

ほかの学校でも、親のためとか、チームのためとか、学校のためとかいうことは考えていると思いますが、やはり、「主のために」とまでは、絶対に考えていないと思います。

でも、私たちは、「主のために」

幸福の科学学園那須本校のチアダンス部

というところで、みんながつながっています。そして、努力して結果を残し、応援してくださるすべての方に喜んでいただけたら、本当にうれしいですし、「それで幸福の科学の伝道ができる」というのも本当に大きいと思うんです。

やはり、信仰が、ほかの学校と違うところだと思います。

九鬼　そうですよね。違いが出てくるとするならば、ここなのです。信仰が入るとチームが強くなるということを、A・Jさんはすでに実感しているわけですね。

チアダンス部は、顧問の桜沢先生が、最初から「主の法の正しさを証明するために踊るんだ」という理念を掲げ、その理念の下にやってきたのが、すごく生きています。

これは、チアダンス部だけではなくて、ほかの部活でも同じでしょう。「幸福の科学学園のチームは何か違う」というのはあると思います。

ともすれば、世間から先入観や偏見をもって見られるなかで、「私たちが活躍することで、主の教えの正しさを証明するんだ」という、力の入り具合が違うことと、あとは、やはり、天上界から支援を受けているという感覚があるでしょう？

Ａ・Ｊ　あります。

九鬼　これが決定的に違うと思うんですよ。単なる「ワン・フォー・オール、オール・フォー・ワン」だと、チームのなかでグルッと回っているだけですが、そうではなく、「オール・フォー・エル・カンターレ」だから、天上界からの支援も受けられるのです。そこに違いがあって、それを実感していると、自信になるんですよね？

A・J　はい。

九鬼　戦う上で、「勝てるのだ」という自信になるので、これが大きな違いとしてあります。

もちろん、ほかのチームと競争しているだけではなく、パフォーマンスですから、結局、「観ている人に喜んでもらおう」という気持ちですよね。「ほかの人に喜んでもらおう」という気持ちが、すごく高まっているところを観て、観ている人たちも感動してくるわけです。

そういう感動を与えることができるという意味で言えば、「実は、信仰というのは、ものすごく大きな力を有している」ということをチアダンス部が証明してくれたのです。これを広げていきたいと思っています。

信仰なくして仕事はできない

司会　九鬼さんご自身も、信仰を取り入れて、うまくいったとか、成功したとかいう経験はありますか。

九鬼　それは、ありますよ。

今、幸福の科学大学開学に向けて一生懸命に取り組んでおりますが、これも、信仰なくして戦えません。戦えないというか、仕事はできません。

私たちが「こういう大学をつくる」と言うと、「それは無理でしょう」と言う人が、世の中にはたくさん存在しているわけです。しかし、それで「そうですか」と言ってしまったら、もうそれで終わってしまうので、今、「そうではないのです」ということを一生懸命、説得しているのです。

そういう意味では、信仰なくして、日々、仕事はできないし、存在もできないということですね。

私は出家《しゅっけ》して二十二年目になりますが、この間、そういうことの連続でした。

ここは、やはり、他の会社などと比べて、とても違うなと思いますし、幸福の科学の歩みそのものを、世間が「成功」として認定してくださるのであるならば、それは「信仰の勝利」だと思っています。

さまざまな人に感動を与えた学園生たちの言葉

司会　信仰の部分と事業経営については、学校教育のなかで、どのように結びつけていこうとお考えですか。

九鬼　幸福の科学学園の話と関連させて、また少し違った話をしましょうか。
昨年二月、幸福の科学学園関西校の落慶式があったのですが、その落慶式に、那須本校の学生たちが合唱に来てくれました。Ｙ・Ｆさんも行きましたか。

Ｙ・Ｆ　はい、歌いました。

九鬼　ああ、あなたも歌ってくれたんですね。那須からバスに乗って、わざわざ八時間もかけて来てくれて、そうとう大変だったと思いますが、関西校で歌ってくれたのです。
しかし、関西校を建てるのは大変でした。落慶式は認可直後だったのですが、認可に至るまでが大変だったのです。地元住民のなかには、理解してくださらない方もいて、そうとう反対運動もあり、いろいろ苦難・困難のなかで、何とか建ち上がって、落慶式を迎えたという感じだったのです。

そういう喜びのなかで、那須から学園生が駆けつけてくれて、「未来への誓い」というオリジナルの歌を歌ってくれたんですよね。

あのとき、歌う前に、みんなが一言ずつ感謝の言葉を語ってくれましたが、何を話したか、覚えていますか。

幸福の科学学園関西校落慶式で合唱する同那須本校生たち

Y・F　私たちを支えてくださっている方々への感謝の言葉と、「報恩として、私たちが未来を変えるので、待っていてください」というメッセージを伝えました。

九鬼　そうでしたよね。実は、そのメッセージが大変な感動を呼んだのです。

感動したのは、学校を建てるために一生懸命に植福してくださって、当日は体育館兼礼拝堂に集まっていた信者さんたちだけではありませんでした。

実は、映像は、寮にある食堂のほうにも流れていたのです。そこには、学校内にお店を開くということで、ある大手コンビニエンスストアの本部の方が来てくれていました。そして、当日の昼、おにぎりなどを販売したあと、午後の落慶式の映像を観ていて、「合唱もよかったけれども、その前の言葉に感動しました」と語ってくれたのです。店開きということで、その日に初めて学園に来て、手伝ってくれていた一般の方です。

この話は、Ｙ・Ｆさんは聞いたことがあるでしょう？

Ｙ・Ｆ　はい。

九鬼　さらに、落慶式のあと、信者のみなさんが中庭の記念碑のあたりに集まっていたので、私もそのなかに交じって話をしていたところ、関西校を建ててくれたある大手建設会社の工事の責任者の方がいらしたのです。

その方は、本当によく尽力いただいた方です。地元住民からのいろいろなクレームを聞きながら、何とか落慶までもってきてくださった方なので、当時、学園理事長だった私は、大学の建設のほうもお願いしたいと思って、落慶式の前に、「またお願いできますか」と声をかけていたのです。

ただ、その方は、自宅が関西にあるし、「『こんな大変な思いをまたやるのか』と思うと、嫌だな」というところもあったのかもしれません。そのときは、「会社が決めることですから」という感じで、口を濁されました。

だから、私は難しいかなと思っていたのですが、その方が私の所に来られて、「いやあ、九鬼さん。大学もやらせていただきます。頑張りますよ。千葉に行きます」と言ってくれたのです。

今、その方は、千葉で、幸福の科学大学の校舎建設の所長をされています。工事現場の事務所には、「我ら最高の宮大工《みやだいく》たる事をここに誓う。」という看板が掲げてあります。

なぜ、最初は躊躇《ちゅうちょ》していたのに「やりたい」と思ってくださったのかと訊くと、一つには、「那須校の学園生の挨拶に感動したからです」と語ってくれました。もう一つは、信者の方が「工事が大変だと聞いて、一生懸命お祈りしました」と

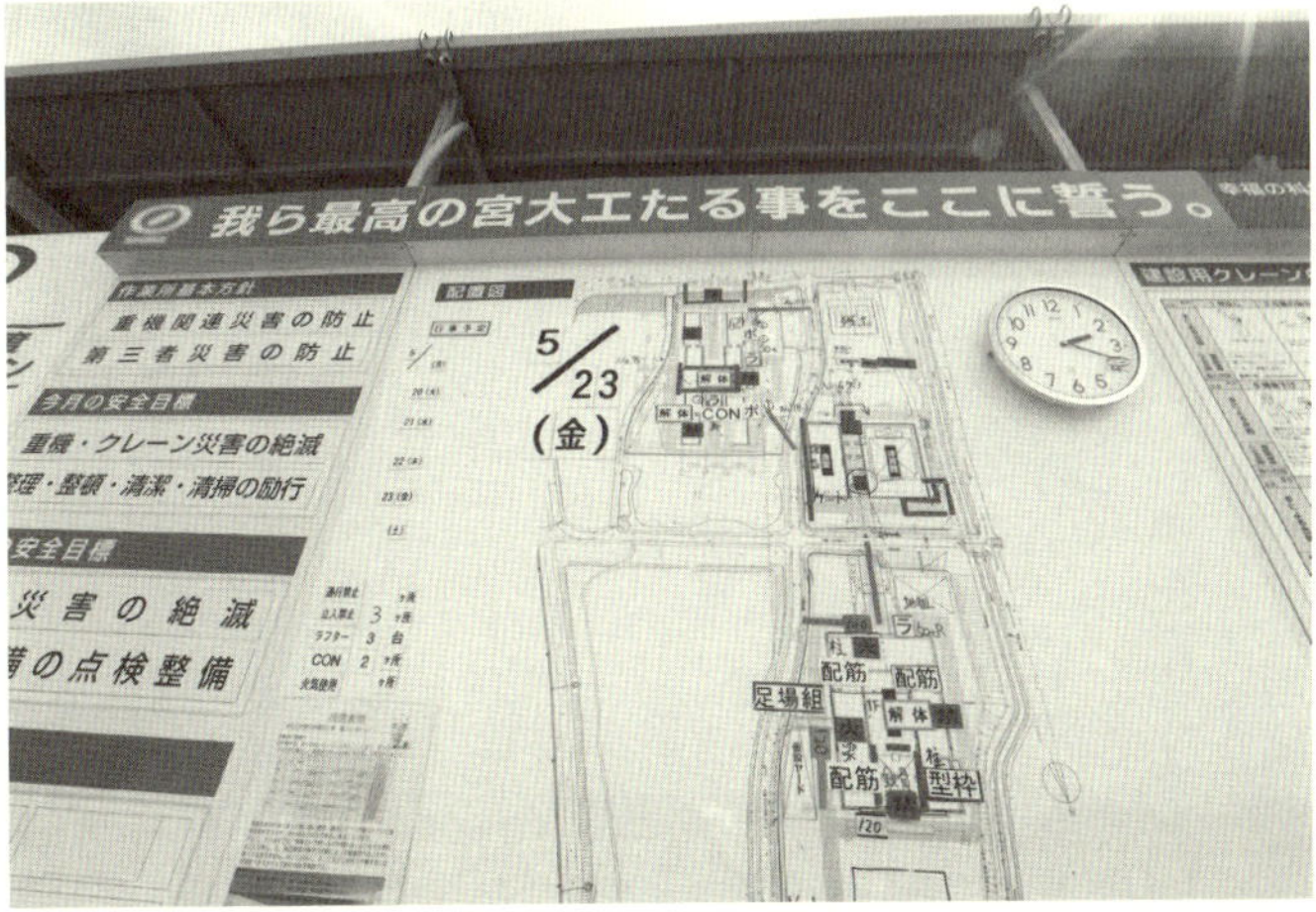

幸福の科学大学（仮称･設置認可申請中）の建築現場の様子

いう話をしていたのがすごく心に入って、感動されたとのことでした。

そこで、「ぜひ、大学もやりたい」ということで、今、単身赴任をされて、千葉で一生懸命に工事を進めてくださっています。

信仰教育は、学生に〝人を感動させる魔法の杖《つえ》〟を授ける

九鬼　何の話をしているかというと、要するに、「学園生のひたむきな信仰の姿と、感謝・報恩《ほうおん》の姿勢が、一般の方にも感動を与えている」ということです。

そして、感動を与えるとどうなるかというと、その相手の人が変わるのです。それまで躊躇していたのに、「よし、やろう」という気になったというのが、その一つの例です。人の行為を変えるということですね。

先日、大隈重信の霊言で、「幸福の科学大学は、国を発展させる魔法を学ぶ人

をたくさんつくれ」と言われていましたが、千葉県には、「夢と魔法の国」がもう一つあるじゃないですか（笑）。あのディズニーランドも、「結局、何なのか」と言えば、感動があるんですよね。

感動が人を喜ばせていきます。これが、「何回も何回も行きたい」と思わせるところなのです。

私は、幸福の科学学園には感動があると思っています。そして、「人を感動させることができる」ということは、要するに、魔法をかけているのと一緒なのです。生徒たちはある種の〝魔法使いの能力〟を、学園を通じて得ることができているわけです。

「ありがとう」ぐらいのことは、誰でも言えることです。しかし、幸福の科学学園の信仰

『早稲田大学創立者・大隈重信「大学教育の意義」を語る』
大川隆法著（幸福の科学出版刊）

教育を受けてきた学園生たちは、普通の人たちとは違う感動を、人に与えることができました。これは、魔法使いの〝魔法の能力〟ですよ。ハリー・ポッターの杖《つえ》ではないけれども、〝目に見えない杖〟を授かっているのです。

これは、幸福の科学大学でもできると思っています。

人に感動を与えることができたら、どうなるでしょうか。大川隆法総裁の『経営入門』（幸福の科学出版刊）という経典にも書かれていますが、これが「商売繁盛のコツ」なのです。お客様に感動を与えれば、どのような商売でも絶対に繁盛します。

そういう力を身につけることができたら、大きいですよ。「何にでも通じる魔法の杖を授かった」ということですからね。

3　新しい科学を拓《ひら》く未来産業学部

天上界からアイデアを降ろし、「無」から「有《ゆう》」を生み出す

Ａ・Ｊ　私は、経営成功学部にも興味はありますが、未来産業学部にもすごく興味があります。宇宙人とかが大好きなんです（笑）。

ただ、理系になると、唯物思想の問題が出てくると思います。未来産業学部では、信仰的なものと、理系の研究をどう両立させていくのでしょうか。

九鬼　まだ推定ですが、意外なことに、実は、教員に占める信者比率は、三つあ

る学部のうち未来産業学部がいちばん高いのです。

文系は、最初は一学部の予定でしたが、それを二つに分けたため、足りない教員を募集し直しました。そのことも関係していますが、未来産業学部で教壇に立つ予定の方は、けっこう信仰深い方が多いのです。

これは何を意味しているかというと、「未来の科学の方向性として、宗教や信仰と親和性のある科学が拓《ひら》けていく可能性がある」ということを示しているわけです。

未来産業学部の先生方は、自分たちの研究を花開かせることで、先ほどの「オール・フォー・エル・カンターレ」ではありませんが、「エル・カンターレ文明につなげたい」という気持ちを強くお持ちです。また、年もだんだん取ってきているので、「若い人を育てたい」という気持ちも非常にあります。

そういう人が教えているところに行ったら、これは、ほかの大学の理系学部とは全然違いますよ。まず、それだけで違うと思います。

また、未来産業学部では、さすがに「僧職者課程《そうしょくしゃ》」はつくれないでいるのですが、文系の「僧職者課程」を履修《りしゅう》することは可能ですから、幸福の科学の研究員の資格を取ることもできます。そのかわり、勉強は大変になりますよ。

計画的にコマを入れないと、時間割上、少し苦労するかもしれないけれども、大学四年間で「僧職者課程」も修めつつ、未来産業学部を卒業することができるようにするつもりです。これによって、普通の科学者や技術者とは全然違うタイプの人を送り出すことができると思います。たとえ、「僧職者課程」の単位を全部は取れなくても、少しでもやっていれば全然違うでしょう。ほかの大学ではやれていないことなんですから。

「僧職者課程」を勉強しながら、先ほども言ったように、ピラミッド型礼拝堂のなかで瞑想することによって、インスピレーションが降りてきます。

アイデアは大事です。アイデアのもとは何かといったら、結局、宗教なのです。先日の大隈重信の霊言でもありましたが、宗教だからこそ、天上界からアイデアは降りてくるのです。無から有《ゆう》が生まれてくるわけですよ。

もちろん、「現に今あるものの改善」ということもあります。「いろいろなものを融合して、やっていく」というのもあります。けれども、インスピレーションというのが非常に大きな比率を占めていて、これを結晶化させるということが、未来産業学部ではできると思うのです。「アイデアの種を、実際の商品なり、技術なり、プロセスなりに、いかにして入れられるか」ということを研究して、勉強して、開発していくということができますからね。

ですから、未来産業学部は、ほかの大学の唯物的な工学部とはまったく違います。

工学分野

※大学設置認可申請中です。内容の確定は認可後となりますので、予定であり、変更する可能性があります。

未来産業学部（仮称）　産業技術学科（仮称）

未来産業の創造を目指し、
工学分野の柱である機械・電気電子・情報系の
知識・技術を身につけた上、
技術を産業へとつなぐノウハウも学びます。

【特徴】

◆未来を拓く産業技術を学ぶ

未来産業に必要な科学技術である、機械分野と電気電子分野を組み合わせた産業技術を学ぶことで、ロボット産業や自動車産業、家電など、さまざまな分野で活躍できる技術者を目指します。

◆ものづくりを通して技術を体得する

電気自動車やロボットなど、実際にものづくりに取り組む科目が数多くあります。単に知識を頭で理解するだけでなく、実習を通し、技術を体得していきます。

◆技術をビジネスへつなぐ

新しい科学技術をビジネスにつなげるためには、超えるべき壁があります。その壁を超えるために必要な「技術経営」についても学びます。

◆世界で戦える技術者になる！

グローバル競争が進んでいる今、技術者も世界で戦える力を持つことが必要です。そのために、幅広い教養や英語力等を磨いて「創造性」や「発信力」を高めます。

【卒業後の進路】

大学院への進学のほか、機械系や電機系の製造業、情報系企業等に就職し、活躍することが期待されます。

幸福の科学の教えは、科学との親和性が高い

T・F　私は、実は、理工学群に通っています（笑）。

九鬼　ああ、そうなんだ（笑）。

T・F　一般的に、工学系は唯物論が強く、中世に宗教と科学が分離してきたように、「宗教が科学の妨げになるのではないか」という話もあると思います。

ただ、私は、中世の学問の主流が、どちらかというと反科学的なもので固定観念を持っていたために、ガ

ガリレオ
（1564〜1642）

リレオなどが迫害されることになったのではないかと思っています。そして、現代は、むしろ逆のことが起きていて、科学的なものが固定観念のようになっていて、学問の主流が逆の方向に動いていると思うのです。

しかし、過去の歴史を見ると、インドのゼロの概念とか、アラビアの科学の発展とか、宗教的な思想に基づいているものは数多くあります。また、アインシュタインやファラデー、ニュートンなど、信仰を持っていた科学者も多くいます。

そこで、幸福の科学の思想を学ぶことが、どのように科学の発展につながっていくのか、ぜひ教えてもらえればと思います。

ニュートン
（1643～1727）

ファラデー
（1791～1867）

アインシュタイン
（1879～1955）

九鬼　よく知っていますね。原稿も何も見ないで、それだけ話せるのは、大したものです。

あなたのおっしゃるとおり、「信仰や宗教を否定した科学」ではなく、「信仰や宗教を認めた科学」が新しいのであって、私たちはそれを志向しているわけです。

そういう意味で、幸福の科学は、宗教として、いったい何が大きく違うのかというと、それは、「現在進行形であって、そのなかにイノベーションを取り入れた宗教である」というところです。

例えば、中世であれば、「キリスト教とは、こういうものなのだ」ということで、かっちりと固まっていました。そして、「それは変えられない」ということで、いろいろな軋轢《あつれき》が起きたわけではないですか。

幸福の科学は、そうではなく、未来に向けて開いていて、「未来に向けて変化していける」という、ある種の自由性があるのです。

それは、「信じるのも自由、信じないのも自由」という自由ではありません。そうではなく、ある種の「内容における自由性」というものを伴っていることが、幸福の科学と他の宗教との大きな違いなのです。

その意味では、科学との親和性はとてつもなく高いと思います。新しいものや考え方に対して、とても親和性があるので、ＳＴＡＰ細胞についても、研究を応援する気持ちがあるわけです。

幸福の科学の教えは、科学と宗教を結びつける力が非常に強いので、自信を持って幸福

右:『小保方晴子さん守護霊インタビュー　それでも「STAP細胞」は存在する』左:『「嫉妬・老害・ノーベル賞の三角関数」守護霊を認めない理研・野依良治理事長の守護霊による、STAP細胞潰し霊言』いずれも大川隆法著（幸福の科学出版刊）

の科学の教学《きょうがく》をしながら、科学者になっていただきたいですね。

「無理だろう」と思われるものでも、現実化していく努力を

九鬼　T・Fさんは、何を専攻したいですか。

T・F　まだ専攻は決めていませんが、カーボンナノチューブといった炭素系の素材の研究をしたいと考えています。

九鬼　炭素素材はこれから伸びていくと言われています。今、現実に、航空機の機体などに、軽くて丈夫な素材として、炭素繊維がかなり実用化されていますし、面白いのではないでしょうか。

私は、幸福の科学に出家する前は、大手の石油会社にいたんですよ。先日、大川隆法総裁との対談のときにも少し話が出ましたが（大川隆法著『究極の国家成長戦略としての「幸福の科学大学の挑戦」』〔幸福の科学出版刊〕参照）、石油会社にいたとき、半年間ほど、ＮＥＤＯ（新エネルギー・産業技術総合開発機構）の研修生として、アメリカやカナダの研究所で勉強させてもらったことがあるのですが、そこで、とてもびっくりしたことがありました。

もう二十六年前のことなのですが、すでに、今のシェールオイルの先駆けのような研究がかなり進められていました。当時は、技術をいくら開発しても、石油の値段が上がらないと商業化できない状況だったのですが、その後、石油の値段が大きく上がったので、商業化できるようになったの

『究極の国家成長戦略としての
「幸福の科学大学の挑戦」』
大川隆法著（幸福の科学出版刊）

です。

あの頃の感覚を知っている自分としては、シェールオイルが日の目を見たときは、驚きを持って見たのですが、そのように、科学技術の研究においては、当初は「無理だろうな」と思えたようなことでも、現実化していくわけです。

ですから、未来産業学部でも、ぜひ、そういう思いで研究を続けられるようにしたいと思っています。

4　目指すは「国際的リーダーの輩出」

英語力も教養も高められる大学に

Ｔ・Ｆ　今、文部科学省のほうで、「グローバル人材を輩出しよう」という動きが盛んになっていると思います。

そのためには、英語力も当然必要ですし、中身の教養というものも大事になってくると思います。

また、私が通っている筑波大学では、英語を学ぶためのシステム的なものを、頑張ってつくろうとしているのですが、いかんせん、「なぜ英語を学ばなければいけないんだ」と言う学生が多く、モチベーションが非常に低いのです。

そういった点について、幸福の科学大学では、どのように取り組んでいくのでしょうか。

また、以前、外部の人を招いた講義形式の授業を取ったとき、講師として来られたＪＡＰＩＣ（日本プロジェクト産業協議会）のＴさんという方と、授業の終わりにお話しさせていただいたところ、「あなたはとても勉強していて、教養が深い人だね」と言われました。私は、幸福の科学の教えを学んでいるだけだったのですが、そのとき、「幸福の科学で勉強しているだけで、本当に、教養が自然と身につくのだな」と実感したのです。

そこで、幸福の科学大学では、幸福の科学の教えをバックボーンとしながら、どのように教養を深めていくのかについても教えていただければと思います。

九鬼　分かりました。筑波大ですよね？　この前、筑波大学の学長さんが、大学設置認可の面接官だったのです。

私は、その方から、「あなたがたは、大学設置申請書に『グローバル人材をつくる』と書いているが、その意味が分かっているのか」と訊かれたので、ご説明したところ、「それは単なる国際人だ。グローバル人材には、別な定義があるのだ」と言われたのです。

ですから、筑波大学は、よほど、グローバル人材育成に対して素晴らしい取り組みをされているのかと思っていたのですが、英語熱はあまり高くないのですか？

T・F　実際、筑波大学では、英語教育はそうとう問題視されています。生徒も問題視していますし、教師のほうもかなり問題視しています。「英語能力が全然上がっていかない」という現状があります。

九鬼　そうですか。

まあ、幸福の科学大学では、英語熱については、少なくとも筑波大学以上であることは間違いないようにしたいと思います。

今、幸福の科学学園の生徒たちを見ていて、すごいと思うのは、校舎の廊下を、単語帳を開きながら歩いていることです。あれはすごいです。これだけの勉強熱のある学校は、そうはありません。

単語帳を開いて歩いている先生がいないのが少し残念で、たまに、そういうことを言ったりもするのですが（笑）。

それから、大川隆法総裁がつくってくださっ

『黒帯英語初段①』（非売品）
政治・経済・宗教・科学など、さまざまな分野の英語の語彙や文章等を集めた英語教材。現在、『黒帯英語への道』（全10巻）と『黒帯英語』（初段・二段ともに全10巻、三段のシリーズも順次刊行中）が出ている。

た英語教材には、教養が入っているんですよね。例えば、『黒帯英語』は、読むと分かりますが、教養の塊《かたまり》です。

教養のもとは、宗教にある

九鬼　そういうことで、幸福の科学には、「教養のもと」がたくさんあります。ところが、世間では、「宗教が教養のもとである」とは、あまり思っていないのです。それは、宗教と学問を分けてしまっているからです。

そして、この「分ける」という考え方が限界をつくっているのです。

例えば、サッカーで言えば、試合のとき、ピッチ（フィールド）の半分だけを使うようなものです。半分だけ使って試合をするのと、全面を使って試合をするのとでは、全然違うではありませんか。

宗教と学問を分けてしまうのは、「ピッチは、最初から半分なんだ」と限定するようなものです。「線を引いて、宗教は別のフィールドでやってください。われわれはこちら側でやりますから」という人と、「もっと大きなフィールドがある」と考えていける人とでは、当然、違いが出てくるだろうと思うのです。

だから、「教養のもと」という部分でいえば、「宗教的教養」というのは非常に意味があります。それが、先ほど言ったような、「オール・フォー・エル・カンターレ」と結びついたときには、とても大きな力が出てきます。幸福の科学大学は、そうした力をつけていくことができる大学にしたいと考えています。

幸福の科学大学の教養課程には、いろいろな科目が構想されており、講師陣には、「人類は、人間が幸福になるために、どのように学問を使ってきたか。また、探究してきたか」ということを中心課題としてイメージしながら、教養科目を教えてくださるようにお願いしています。ですから、同じシラバス（講義や授業の大まかな学習計画）でも、他の大学で講義するのと、幸福の科学大学で講義するのでは、その内容と伝わり方がそうとう違ってくるはずです。

それは、教える側の「念《おも》い」が違うからです。「教える側が、そういう念いを発していると、学生たちはそれをキャッチして、『こういうことですか』と質問を投げてくる」ということで、内容が練られてくるのです。そこに、非常に深い教養も磨かれてくると思います。

卒業生が出始めたら、いずれ、世の中の人が認めてくださるでしょう。それまでは少し我慢が必要で、すぐには信用してくださらない方に信用していただけるよう、努力していきたいと思います。

国際人になるなら、宗教を尊敬し、堂々と議論せよ

T・S　僕は、英語がすごく好きなので、日本を出て、国際人として世界で伝道するのが夢です。幸福の科学学園に在学中、海外研修でアメリカへ行ったとき、現地の人たちは、私たちの信仰を受け入れてくれ、日本とは違うところがあるなと感じました。

九鬼　日本だと、宗教は大切なものとしてはあまり扱われていませんが、同じく先進国であるアメリカでは、宗教は大切なものだと思われています。ここの違いが大きいのです。インドとか、ブラジルとかに行くと、もっと違ってくるのですけれども、そういうことを、海外研修に行って感じたのかな？

T・S　はい。

九鬼　これだと思うんですよ。だから、まずは日本が宗教を尊敬するような国になっていかないといけないし、各大学で宗教を排除するような雰囲気をつくっているのであるならば、やはり、新しい大学は、宗教を受け入れるようにしたいし、「張り紙などはするつもりはありません。

もし、ほかの信仰を持っている学生がいたとしても、堂々と議論してください。議論してもらって全然構いません」というようにしたいのです。

殴《なぐ》り合いとかは、よくないですけどね（笑）。ただ、言論で、きちんと勝負をつけていけるような自由性はなければいけないでしょう。

ただ、大学側が、学生に対して、「宗教に入ると、洗脳される」というようなことを言うのは、ある意味で、学生を独立した人格として扱っていないのではないでしょうか。そういう感じがしないでもありません。

「それが現実なのだ」という反論もあるかもしれませんが、少なくとも、幸福の科学大学では、規制や戒律で学生を縛《しば》り上げるのではなく、自由性のなかで、各自がよりよきものを選び取っていけるようなかたちを目指していきたいと思っています。

外国人留学生とも交流できるよう計画

Y・F　海外から外国人の学生も呼ぶと聞いていますが、どのように交流していくのでしょうか。

九鬼　今のところ、最初は数人であって、十人以内の予定ではあります。

特に途上国のほうがニーズは高いのですが、幸福の科学の支部がある国には、「幸福の科学大学に行きたい」という留学生候補の方々がいます。みなさん、「一生懸命勉強したい」と、非常に熱く語っていますよ。

全部の科目を英語で授業するようにはできないので、留学生候補の方には、「日本語の勉強をしておいてほしい」ということで、日本語検定2級ぐらいは取得してほしいとお願いしています。彼らは今、一生懸命、日本語の勉強もしてくださっていると思います。そういう留学生のみなさんが来ます。

一年生は、原則、寮生活になりますから、寮のなかで一緒に外国人の方と生活しながら、勉強していけるようにしたいと思っています。

日本の生活様式にあまり慣れていないでしょうから、いろいろと教えてあげてほしいですね。寮は、すべて一人部屋にしていますが、広い一人部屋もあるので、場合によっては、そこを二人部屋にし、「留学生と一緒に住み、いろいろとお世話したい」という人には、寮費を安くすることも考えています。

そのようなかたちで交流しながら、一緒に勉強していけるように目指したいですし、「国際交流センター」をつくろうと計画しているので、そこを中心にして、留学の相談に乗ったり、さまざまなイベントを開いたり、地域の方々に英会話の機会を提供したりしながら、楽しく留学生と交流できるようにしたいと思っています。国の垣根を越えて、グローバルな発想を持つ人材をつくっていきたいですね。

寮の完成イメージ図

世界の常識では、神仏を認めないほうがおかしい

A・J　大川隆法総裁は、「世界の教養人の常識では、人間の本質は霊だ」というようなことをおっしゃっていたと思うのですが、どういう意味なのでしょうか。

九鬼　どちらかというと、「霊的存在を認めない」という考え方が、日本の常識のように見えていると思いますが、深く探れば、日本人でお葬式に行かない人はいないんですよね。

お葬式は、必ずしも、生きている人のためだけのセレモニーではありません。お坊さんが読経《どきょう》をしていますが、あれは、「亡くなった方は霊になっている」ということが前提でしょう？　位牌《いはい》に「○○○之霊」と書いてあるんですから。

もしそれが嘘なら、みんなでやっているのは、おかしな話ですよ。

要するに、お葬式をやっているにもかかわらず、「信じない」と言っている人のほうが、本当はおかしいのではないでしょうか。「どちらが洗脳されているのか。どちらが魔術にかかっているのか」ということだと思うのです。

だから、私たちは、「神仏やあの世を認めないのは、逆転した考え方ですよ。認めるほうが、世界的には多いのです」と言っているわけです。

共産主義国家は、唯物論・無神論になっていますが、日本は共産主義国家ではないのですから、目覚めなければいけませんね。敗戦が一つの大きなきっかけになっていますが、もう七十年も経《た》っているのですから、そろそろ脱却しなければいけない時期に来ていると思います。

大学行政においても、規制というか、そういう常識の枠が非常に強いのです。

幸福の科学大学は、宗教法人幸福の科学がバックについて設立しようとしている新しい大学なので、それを乗り越えていくようにしたいと考えています。
　幸福の科学大学には、未来を拓く大きな可能性があります。学園のチアダンス部と一緒です。そう思ってもらえば、分かりやすいと思います。

Ａ・Ｊ　（笑）はい。

「調和」「発展繁栄」「霊性《れいせい》の向上」がある世界をつくりたい

九鬼　ほかにご質問の方はいませんか。

Ｔ・Ｆ　いろいろお話しいただきましたが、やはり理念やビジョンがいちばん大事になってくると思います。そこで改めて、「幸福の科学大学は、日本を、そして世界をどうしていきたいのか」ということについて、教えていただければと思います。

九鬼　幸福の科学大学は、「未来をつくっていく」ということを大きな目標にしています。どういうことか突き詰めて言うと、「幸福な人でこの世を満たしたい」ということです。

戦争や紛争があったら、幸せではありませんから、そういうものがないような、調和された世界にしていきたい。ただ、調和といっても、発展し繁栄していくところがないと、頑張って生きている甲斐がありませんから、発展し繁栄していく社会にしていきたい。それから、「霊性《れいせい》」ですね。霊性が向上していきたいと思っています。

要するに、幸福の科学大学では、こうした未来をつくり、人を幸福にできるような人材をつくっていくということです。

それは、リーダーとして、人を幸福にするような人材であって、ある意味で、その人は、繁栄の未来をつくっていける人でもあります。そういう人材をつくれるような大学でありたいし、そのための学問的研究も深めていきたいのです。

幸福の科学大学は、絶対、未来に貢献できると思います。幸福の科学大学ができることによって、連綿《れんめん》と人材を送り出していくことができるでしょう。「世界のリーダー供給はお任せあれ」と言えるような大学でありたいと思っています。

5　今は未来を拓《ひら》くための勝負のとき

私にとって信仰とは、「生きていること」そのもの

司会　最後に、九鬼さんにとって信仰とは何かということを、ぜひ、お聞かせいただきたいと思います。

九鬼　「生きていること」そのものなのではないでしょうか。

天上界と地上界を切り離したら、ただ肉体が存在しているだけになります。そうではなく、天上界と一体となっているからこそ、自分がこの地上に生きている

意味があるわけだし、信仰は生きる目的そのものでもあると思うのです。信仰という、天上界とのつながりを失ってしまっては、もう人生は抜け殻だと思います。

幸福の科学大学に寄せる「学生たちの夢と期待」

司会　ありがとうございます。今日は、たくさんのお話を頂きましたが、最後に、参加してくれた四人の学生さんたちに感想を聞いてみたいと思います。

Ａ・Ｊ　すごく楽しみで、早く幸福の科学大学に行きたいです。九鬼さんのように教養を持った人たちから、毎日、いろいろなことを学べるのは、本当に毎日ハッピーだろうなと思います。本当に楽しみにしています。

九鬼　ありがとう。

Ａ・Ｊ　夢はいっぱいあるのですが、未来産業学部に行くとしたら、宇宙デザインとかをしたいと思います。あるいは、経営成功学部に行くとしたら、経営を通して真理を伝えていきたいと思います。世界中に黒字企業を立てていったら、地球は豊かになるので、これからのユートピア建設には大事なことだと思うのです。

それから、個人的にはフランス伝道に行きたいです。

九鬼　ほお。

Ａ・Ｊ　グローバル人材ということでは、国際伝道にも行きたいと思っているので、幸福の科学大学で、すべてを学べたらなと思っています。

日本の上のほうの人たちは、ＳＴＡＰ細胞にしても、幸福の科学大学の学部の名前にしても、「マナー」（作法）のことばかり問題にしていますが、もっと「マター」（中身）に目を向けて、国のことを考えて判断してくれたらいいなと思います。

幸福の科学学園には、夢を持った子たちがたくさんいるので、その子たちのためにも、絶対に幸福の科学大学を完成させ、そして、教職員のみなさんと一緒に、新文明を築いていく土台をきちんと固めていけたらいいなと思っています。

今日は、本当にありがとうございました。

九鬼　ありがとうございました。

Y・F　本日は、特に信仰という観点から、幸福の科学大学について、さまざまなことが聞けて、私も大学生として、日本にそんな素晴らしい大学ができるということが、すごく楽しみです。

私は、「幸福の科学学園のような学校を世界中に建てる」という話や、国際教育とか国際ボランティアとかにすごく興味があり、今、教員免許の取得を目指したり、英語やスペイン語を勉強したりしているのですが、私自身、もっと魅力的な人になって、いろいろな人に〝幸福の科学マジック〟(笑)をかけられるようになりたいと思いました。

幸福の科学大学の学生と一緒に素晴らしい世界をつくっていけるように頑張っていきたいと思うので、楽しみです。ありがとうございます。

九鬼　ありがとうございます。

T・F　今日、お話を聞かせていただき、幸福の科学大学の素晴らしさが分かり、ビジョンをありありと描くことができて、とてもワクワクしました。後輩に当たる学園生たちに、幸福の科学大学に入学できる未来が拓《ひら》けるといいなと思います。

ここからはちょっと、オフレコがいいんですけれども。

九鬼　うん。

T・F　幸福の科学大学に入って活躍するみなさんは、日本のゴールデン・エイジをつくっていくことが、その使命だと思うんですけれども、私たち幸福の科学学園一、二期生も、ゴールデン・エイジを到来させることを目標にして、しっかりとハッピー・サイエンス（幸福の科学の英語名）を世界に浸透させていきたいと思っています。

先ほど、就職の質問などもしましたが、そんな就職の心配なんてまったくさせないぐらい、有用な人材になっていきたいと思います。

将来の夢は、科学の世界から入って、会社経営か、国家経営かはまだ決めていませんが、「すべての人が、自分の本当の夢を発見でき、それを実現できる世界をつくること」なので、そのサポートをできる経営者になりたいと考えています。

ありがとうございました。

九鬼　素晴らしいですね。オフレコにする必要は全然ないでしょう。

T・S　本日は、「人間は霊的存在であり、魂が肉体に宿って人生を送っている」という人類普遍の教えが、改めて大切なんだなということが分かりましたし、そういうことを知っている仲間とともに、未来を描き、これから一緒に仕事ができるんだなと思うと、すごくワクワクします。

自分の強みを伸ばして、主のお役に立てる人材になれるよう、不退転《ふたいてん》の気持ちで頑張っていこうと思います。志《こころざし》は絶対に捨てずに頑張りたいと思います。ありがとうございました。

九鬼　素晴らしいですね。ありがとう。

「幸福の科学大学が未来をつくる」ことを知らせたい

司会　たくさんの感想が出ました。せっかくの機会なので、最後に、「これだけは訊いておきたい」ということはないですか。

Ｔ・Ｆ　現役の大学生の視点からの質問になってしまうのですが、幸福の科学大学開学に向けて、幸福の科学の学生部や大学生たちができることは何でしょうか。

九鬼　開学に当たっては、やはり困難にはぶち当たっています。理解してくださっていない方は、けっこういらっしゃいますから。

しかし、私たちは、「幸福の科学大学が、本当に未来をつくっていく」ということを、多くの方々に知らせていきたいと思っています。

ですから、学生のみなさんにも、「幸福の科学大学は必要なのだ」ということを、周りの方、学生や教員の方などにも、伝えられる限り、伝えていっていただければ、ありがたいですね。

教員の方が、大学設置の審議委員になっていたりすることもありますから、そうしていただければ、どこかで、そういう人たちにも伝わっていくだろうと思います。「こんなに素晴らしい学生が、そう言ってくるなら、そうなんだろうな」と、きっと思ってくれるのではないでしょうか。

ぜひ、伝道の一環として、「素晴らしい大学ができようとしている」ということをPRしていただけると、ありがたいです。大変、力になると思います。

私たちは私たちで、未来を拓くために、今、勝負をかけています。みなさんがきちんと計画どおりに、それぞれの未来を送れるよう、頑張って頑張って、この大学を設立したいと思っています。
今、ほかの大学に行っているみなさんでも、卒業してから、幸福の科学大学の発展のために力を尽くしてもらうことはできます。そのときには、ぜひ一緒になって頑張っていきたいと思います。よろしくお願いします。

入学を希望する受験生へのメッセージ

司会　今、幸福の科学大学を目指している受験生たちへも、ぜひメッセージをお願いします。

九鬼　幸福の科学大学は、未来に向けて、本当に希望溢れる大学ですから、まず、それに対する「思い」を綴《つづ》っておいてください。「期待」とか、「思い」とかを書いてください。もしくは、パソコンに打ち込んでください。日々、それを見ながら、どんどん推敲《すいこう》して、いいものに仕上げて、それを〝願書〟にして、私たちに出してもらい、私たちの感動を呼んだら、入学できるのではないかな？（笑）

司会　（笑）

九鬼　もちろん、きちんと勉強はしてください。きちんと勉強して、教養を高めていってください。仏法真理を含めた本をしっかり読み、教養を高めながら、英語の勉強もしっかりやることです。

やはり、情熱がなかったら、世の中は変えていけません。リーダーをつくろうとしているのが幸福の科学大学です。情熱を大きく高めるためにも、日々、〝願書〟を書き込んでください。それが大事だと思います。

司会　本日は、「大学教育における信仰の役割」と題して、たくさんのお話を伺ってまいりました。「信仰を持つことによって、まったく違った、学問へのアプローチができる。人生や未来を変えていく力が出てくる」ということが分かりました。

信仰を持つ学生たちが、これからの日本を変えていくことを大いに期待しています。ぜひ、頑張ってください。

本当にありがとうございました。

学生たち　ありがとうございました。

九鬼　楽しみですね。ありがとうございました。

あとがき

私にとって、信仰とは「生きること」そのものです。天上界と一体となってこそ、地上を生きる意味があります。それが真の幸福をもたらすからです。

にもかかわらず、現実には、信仰を持つことで肩身《かたみ》の狭《せま》い思いをしている人が少なくないようです。そこで、二〇一五年に開学予定の幸福の科学大学（仮称・設置認可申請中）では、信仰を持つ学生たちが、堂々と信仰を語り、宗教を学び、勉学に励むことができる大学にしたいと願っています。そして、社会にとって有用な人材を多数輩出していきたいと考えているのです。

本来、信仰は学問の進歩をもたらし、社会の繁栄を促すものです。私たちは、時間をかけて、そのことを証明していくつもりです。

信仰の素晴らしさと人生の真実を教えていただいた大川隆法・幸福の科学グループ創始者兼総裁に改めて深謝しつつ、本書の出版にご尽力いただいた協力者の方々、また座談会に参加してくれた学生たちに御礼申し上げます。

二〇一四年　六月十九日

学校法人幸福の科学学園副理事長（大学設置構想担当）

九鬼《くき》　一《はじめ》

『大学教育における信仰の役割』参考文献

『究極の国家成長戦略としての「幸福の科学大学の挑戦」』
（大川隆法著、幸福の科学出版刊）
『早稲田大学創立者・大隈重信「大学教育の意義」を語る』（同右）
『トス神降臨・インタビュー
アトランティス文明・ピラミッドパワーの秘密を探る』（同右）
『経営入門』（同右）

著者＝ 九鬼 一（くき・はじめ）

1962年生まれ。早稲田大学法学部卒。共同石油㈱（現JX日鉱日石エネルギー㈱）を経て1993年に幸福の科学に入局。宗務本部長、総本山・日光精舎館長、総合本部事務局長、幸福の科学出版㈱社長、大阪正心館館長、幸福の科学学園理事長などを歴任。現在、学校法人幸福の科学学園副理事長。幸福の科学本部講師として全国で行った説法・セミナーはすでに400回を超えている。また、出版社社長時代にはわずか2年で業績を3倍近くに伸ばしたほか、教団経営、学校経営で安定した実績を挙げ続けている。主な著作に『新しき大学とミッション経営』（幸福の科学出版、2014年）、『幸福の科学大学の目指すもの』（幸福の科学出版、2014年）、『宗教と教育』（人間幸福学叢書、2014年）などがある。

大学教育における信仰の役割

2014年6月26日　初版第1刷

著　者　九鬼 一
発行者　本地川 瑞祥
発行所　幸福の科学出版株式会社
〒107-0052　東京都港区赤坂2丁目10番14号
TEL（03）5573-7700
http://www.irhpress.co.jp/

印刷・製本　株式会社 東京研文社

落丁・乱丁本はおとりかえいたします

ISBN978-4-86395-493-9 C0037

大学の未来が見える

新しき大学とミッション経営

九鬼一　著

出版不況のなか、２年間で売上５割増、経常利益2.7倍を成し遂げた著者が語るミッション経営の極意。経営を成功させるための「心」の使い方を明かす。

1,200円

幸福の科学大学の目指すもの

—ザ・フロンティア・スピリット—

九鬼一　著

既存の大学に対する学生の素朴な疑問、経営成功学部とＭＢＡの違い、学問の奥にある「神の発明」など、学問の常識を新しくする論点が満載。

※幸福の科学大学（仮称）設置認可申請中

1,200円

※表示価格は本体価格（税別）です。

※幸福の科学大学（仮称）は設置認可申請中のため、構想内容は変更の可能性があります。

大川隆法ベストセラーズ・大学教育の未来について

副総理・財務大臣
麻生太郎の守護霊インタビュー
安倍政権のキーマンが語る「国家経営論」

経営的視点も兼ね備えた安倍政権のキーパーソン、麻生副総理の守護霊が明かす、教育、防衛、消費増税、福祉、原発、ＳＴＡＰ細胞研究への鋭い見解。

1,400円

元大蔵大臣・三塚博「政治家の使命」を語る

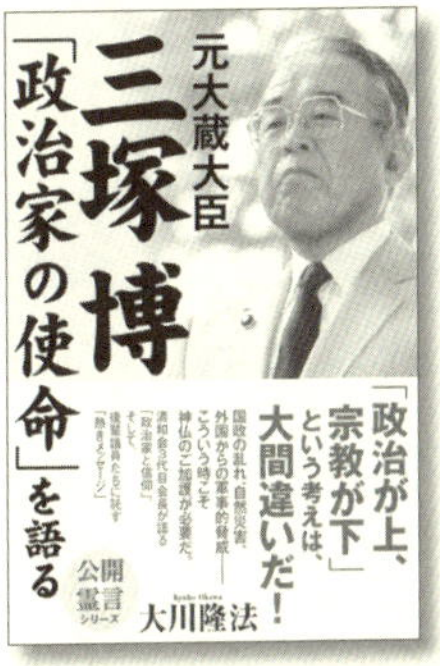

政治家は、国民の声、神仏の声に耳を傾けよ！ 自民党清和会元会長が天上界から語る「政治と信仰」、そして後輩議員たちへの熱きメッセージ。

1,400円

文部科学大臣・下村博文守護霊インタビュー

大事なのは、財務省の予算、マスコミのムード!? 現職文部科学大臣の守護霊が語る衝撃の本音とは？ 崇教真光初代教え主・岡田光玉の霊言を同時収録。

1,400円

大川隆法 ベストセラーズ・「幸福の科学大学」が目指すもの

※幸福の科学大学（仮称）設置認可申請中

究極の国家成長戦略としての「幸福の科学大学の挑戦」

※幸福の科学大学（仮称）設置認可申請中

大川隆法 vs. 木村智重・九鬼一・黒川白雲

「世界の人びとを幸福にする」学問を探究し、人類の未来に貢献する人材を輩出する――見識豊かな大学人の挑戦がはじまった！

1,500円

早稲田大学創立者・大隈重信「大学教育の意義」を語る

大学教育の精神に必要なものは、「闘魂の精神」と「開拓者精神」だ！ 近代日本の教育者・大隈重信が教育論、政治論、宗教論を熱く語る。

1,500円

※幸福の科学大学（仮称）設置認可申請中

青春マネジメント

若き日の帝王学入門

「先見性」「認識力」「イマジネーション」「マネジメント」「時間管理」「信用」など、若い世代へ贈る珠玉の処世訓・人生訓。著者の学生時代や、若手社員時代のエピソードが満載の一冊。

1,500円

※表示価格は本体価格（税別）です。

大川隆法 ベストセラーズ・「幸福の科学大学」が目指すもの

※幸福の科学大学（仮称）設置認可申請中

新しき大学の理念

「幸福の科学大学」がめざす
ニュー・フロンティア

※幸福の科学大学（仮称）設置認可申請中

2015年開学予定の「幸福の科学大学」。日本の大学教育に新風を吹き込む「新時代の教育理念」とは？　創立者・大川隆法が、そのビジョンを語る。

1,400円

「経営成功学」とは何か

百戦百勝の新しい経営学

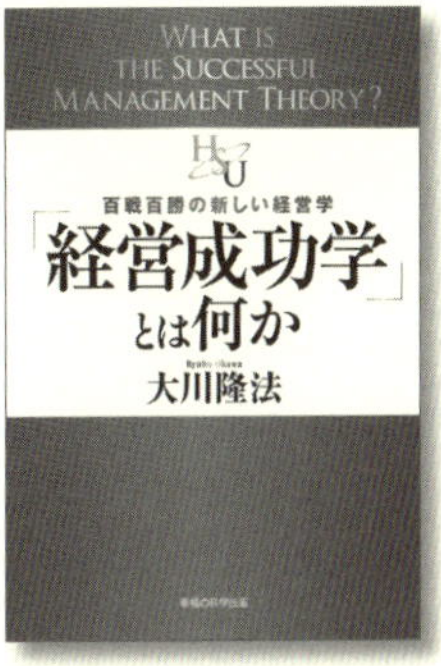

経営者を育てない日本の経営学!?　アメリカをダメにしたMBA!?　──幸福の科学大学（仮称・設置認可申請中）の「経営成功学」に託された経営哲学のニュー・フロンティアとは。

1,500円

「人間幸福学」とは何か

人類の幸福を探究する新学問

「人間の幸福」という観点から、あらゆる学問を再検証し、再構築する──。数千年の未来に向けて開かれていく学問の源流がここにある。

1,500円

幸福の科学出版
※幸福の科学大学（仮称）は設置認可申請中のため、構想内容は変更の可能性があります。

大川隆法 ベストセラーズ・「幸福の科学大学」が目指すもの

※幸福の科学大学（仮称）設置認可申請中

宗教学から観た「幸福の科学」学・入門

立宗 27 年目の未来型宗教を分析する

幸福の科学とは、どんな宗教なのか。教義や活動の特徴とは？　他の宗教との違いとは？　総裁自らが、宗教学の見地から「幸福の科学」を分析する。

1,500 円

「未来産業学」とは何か

未来文明の源流を創造する

新しい産業への挑戦――「ありえない」を、「ありうる」に変える！　未来文明の源流となる分野を研究し、人類の進化とユートピア建設を目指す。

1,500 円

「未来創造学」入門

未来国家を構築する
新しい法学・政治学

政治とは、創造性・可能性の芸術である。どのような政治が行われたら、国民が幸福になるのか。政治・法律・税制のあり方を問い直す。

1,500 円

※表示価格は本体価格（税別）です。

大川隆法ベストセラーズ・「幸福の科学大学」が目指すもの

※幸福の科学大学（仮称）設置認可申請中

法哲学入門

法の根源にあるもの

ヘーゲルの偉大さ、カントの功罪、そしてマルクスの問題点——。ソクラテスからアーレントまでを検証し、法哲学のあるべき姿を探究する。

1,500円

経営が成功するコツ

実践的経営学のすすめ

付加価値の創出、マーケティング、イノベーション、人材育成……。ゼロから事業を起こし、大企業に育てるまでに必要な「経営の要諦」が示される。

1,800円

人間にとって幸福とは何か

本多静六博士 スピリチュアル講義

幼少期における父親との死別、莫大な借金、そして落第……。さまざまな逆境や試練を乗り越えて億万長者になった本多静六博士が現代人に贈る、新しい努力論、成功論、幸福論。

1,500円

幸福の科学出版

※幸福の科学大学（仮称）は設置認可申請中のため、構想内容は変更の可能性があります。

入会のご案内

あなたも、幸福の科学に集い、ほんとうの幸福を見つけてみませんか？

幸福の科学では、大川隆法総裁が説く仏法真理をもとに、「どうすれば幸福になれるのか、また、他の人を幸福にできるのか」を学び、実践しています。

入会

大川隆法総裁の教えを信じ、学ぼうとする方なら、どなたでも入会できます。入会された方には、『入会版「正心法語」』が授与されます。（入会の奉納は1,000円目安です）

ネットでも**入会**できます。詳しくは、下記URLへ。
happy-science.jp/joinus

三帰《さんき》誓願《せいがん》

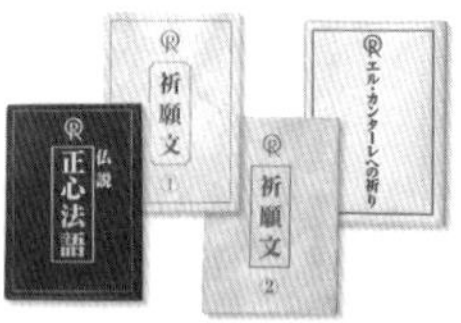

仏弟子としてさらに信仰を深めたい方は、仏・法・僧の三宝への帰依を誓う「三帰誓願式」を受けることができます。三帰誓願者には、『仏説・正心法語』『祈願文①』『祈願文②』『エル・カンターレへの祈り』が授与されます。

植福《しょくふく》の会

植福は、ユートピア建設のために、自分の富を差し出す尊い布施の行為です。布施の機会として、毎月1口1,000円からお申込みいただける、「植福の会」がございます。

「植福の会」に参加された方のうちご希望の方には、幸福の科学の小冊子（毎月1回）をお送りいたします。詳しくは、下記の電話番号までお問い合わせください。

月刊「幸福の科学」

ザ・伝道

ヤング・ブッダ

ヘルメス・エンゼルズ

INFORMATION
幸福の科学サービスセンター
TEL. **03-5793-1727**（受付時間 火～金：10～20時／土・日：10～18時）
宗教法人 幸福の科学 公式サイト **happy-science.jp**